LA MONARCHIE

SELON

LE SUFFRAGE UNIVERSEL

PARIS. — IMPRIMERIE ADMINISTRATIVE DE PAUL DUPONT
Rue Jean-Jacques-Rousseau, 41 (hôtel des Fermes).

LA MONARCHIE

SELON LE

SUFFRAGE UNIVERSEL

PAR

EUGÈNE POUJADE

Si vous sortez des faits en politique,
vous vous perdez sans retour.

CHATEAUBRIAND

PARIS

E. DENTU, LIBRAIRE-ÉDITEUR

PALAIS-ROYAL, 17 ET 19, GALERIE D'ORLÉANS

1870

Cette brochure était en partie écrite avant la lettre de l'Empereur au garde des sceaux; la publication de cette lettre devant amener la présentation du sénatus-consulte, j'ai attendu quelques jours pour achever ce travail où, sans conclure comme M. Gambetta, le lecteur verra facilement que je suis d'accord avec le jeune et brillant orateur sur le rôle du suffrage universel.

LA MONARCHIE

SELON

LE SUFFRAGE UNIVERSEL.

La situation actuelle ne manque ni de contradictions ni d'anomalies, et c'est là une source de difficultés pour le gouvernement. C'est en effet, à la fois un vieux gouvernement et un gouvernement nouveau. Quand un gouvernement est vieux, on le juge d'après ses actes, on lui demande bien plus ce qu'il a fait que ce qu'il a été et ce qu'il est; eh bien, le gouvernement actuel, l'Empire, est déjà vieux; il a une existence de près de vingt ans, chose considérable en tous temps, en tous pays, et rare dans le nôtre.

C'est à la fois un grand bonheur et une grande habileté d'avoir duré si longtemps, d'avoir duré en faisant des choses qui ont leur place marquée dans l'histoire: toutefois, à cause même de cette longue durée, toutes les actions du second Empire n'ont pas été accueillies par le pays avec le même degré de faveur, et la nation a montré clairement sa volonté de voir apporter au régime sous lequel elle vivait des changements profonds. Cette volonté n'avait point échappé à l'Empereur, et dès 1860 il était entré dans la voie des modifications qui ont peu à peu si profondément altéré le caractère du second Empire, mais si les changements étaient suffisants pour un gouvernement ancien, il vint cependant un moment, en 1869, où le souverain comprit qu'une évolution plus complète devait se faire, et cette évolution se tente au moment même où nous écrivons. De gouvernement ancien, le gouvernement se fait nouveau ; à la force de possession, à un passé déjà historique, il veut joindre la force que porte avec soi tout ce qui est jeune et nouveau, il veut se retremper dans la popularité ; il veut à la fois rester lui-même, rendre à la nation le pouvoir qu'elle lui avait délégué, et joindre à l'expérience et à l'autorité de l'âge mûr les incomparables espérances de la jeunesse.

I

Nous avons eu en France la monarchie de droit divin, mais tempérée par certaines institutions, jusqu'à Louis XIV, puis la monarchie absolue avec le génie et la gloire, et la France entière enchaînée au char du monarque, et ne commençant à le juger qu'à la clarté sinistre de ses revers. Vint ensuite Louis XV avec le cortége des hommes d'esprit, les luttes en faveur de la tolérance religieuse, le libéralisme dans les ouvrages, les salons; la France était encore tellement attachée à ses rois que lors de l'attentat du misérable Damien, Paris attendait avec une anxiété fébrile des nouvelles du roi, ce même Paris qui devait donner le triste spectacle des jours de la Terreur. Après Louis XV, Louis XVI, avec l'esprit de liberté, un gouvernement moral, national, glorieux; puis la Révolution avec ses fautes, ses attentats, ses luttes gigantesques, la Terreur, le Directoire et ses essais impuissants. Toutefois, le 18 brumaire était-il absolument nécessaire? La société n'était-elle pas déjà assez forte pour se sauver elle-même; l'ordre et la liberté ne seraient-ils pas sortis d'eux-mêmes du chaos, comme la religion catholique s'est relevée d'elle-même à la fin du siècle dernier. On a beaucoup dit que le premier consul avait relevé les autels et restauré le culte et la religion; il a beaucoup fait, assurément, mais il ressort de l'étude sérieuse et impartiale des faits que la religion catholique s'était relevée d'elle-même et par la seule force et la seule volonté des consciences; eh bien, si le Directoire avait été laissé à lui-même, la nation n'aurait-elle pas d'elle-même, de son côté, pourvu à son salut, sans avoir besoin du vainqueur des Pyramides, et sans être obligée d'accepter avec la gloire les immenses désastres du premier Empire. J'ai, pour ma part, interrogé bien des témoins des événements du commencement de ce siècle, et j'en ai entendu de fort modérés, de fort impartiaux, de très-attachés aux idées nouvelles dans ce qu'elles ont d'excellent, affirmer que le coup d'État du 18 brumaire n'était point nécessaire, vu que la société se serait parfaitement sauvée toute seule sans le coup de main de l'orangerie de Saint-Cloud. Reconnaissons-le cependant avec l'histoire, après ce coup d'État, la satisfaction de la France fut générale, la courte période du gouvernement militaire modéré fut admirable. On oublia ce qui manquait en fait de libertés; les institutions ne sont rien, l'homme est tout, il laisse la nation dans l'ombre tout en la grandissant aux yeux du monde. Or, une nation ne doit jamais abdiquer au profit d'un homme, quelque grand qu'il soit, parce qu'une nation est toujours plus grande que ses plus grands hommes; la vraie grandeur ne doit pas se séparer de celle de toute la nation, et cette grandeur, Washington nous l'a montrée dans son plus pur éclat. La grandeur de Napoléon ne tarda pas à dégénérer en un despotisme militaire écrasant, odieux. Alors abaissement et silence des grands corps de l'État en présence du souverain. Absorption entière de la nation, alors, l'Europe entière se soulève, les peuples s'offrent aux rois pour s'affranchir ou mourir; l'héroïsme de l'armée et de l'Empereur, dont le génie brille d'un dernier éclat, ne peuvent empêcher une chute amenée par des fautes politiques, inouïes, qui n'échappent pas à l'intelligence la plus ordinaire, par des désastres que l'Empereur avait été chercher lui-même, semant jusqu'aux extrémités de l'Europe les germes de l'effroyable tempête qui, en grossissant, vint éclater sur la France.

Que faisaient les assemblées pendant que l'Empire opprimait l'Europe et fatiguait la France de sa gloire? le Sénat, principal corps de l'État, eut un rôle honteux;

après la chute de l'Empereur, la honte se change en bas-
sesse et en insolence. N'ayant point servi à contenir le
despotisme, ayant applaudi à tous ses excès, y ayant
concouru, en ayant tiré profit, et se montrant aussi lâche
dans ses attaques contre le lion blessé, qu'il savait être
bas en face du lion dans sa grandeur et sa puissance.

C'est que sous l'Empire toute institution disparaît ; le
silence se fait dans toute la France ; quelques nobles esprits, quelques grandes âmes, conservent seuls le culte
de la liberté, de l'indépendance, de la fierté. L'histoire
a gravé leurs noms en lettres d'or ; de génération en génération, ils seront salués avec honneur. On ne fait point
ici le procès à l'Empire, chaque jour la lumière historique
se lève plus claire et plus éblouissante, et le peuple ap-
prend à juger, mais alors le peuple ne se prononçait pas,
ne pouvait pas se prononcer, il ne savait qu'obéir, se
dévouer, se faire tuer, il était misérable, mais il était
grand.

II

La restauration de la branche aînée des Bourbons,
rend à la France ses anciens rois. Louis XVIII donne
la Charte, qui contenait toutes les libertés en germe et la
prospérité de la France. Ce gouvernement tombe au
bout de quelques mois, par suite de fautes insensées, presque puériles, mais il tombe, parce que l'Empereur Napoléon revient de l'île d'Elbe et fait son second coup d'État
sans ce retour, sa faute la plus impardonnable, source des

plus affreux malheurs pour la France et des plus pé-
nibles humiliations, les fautes de Louis XVIII auraient
été réparées par la nation elle-même, et la Restauration
n'aurait pas eu besoin de reprendre le cours de son gouvernement après un désastre effroyable qui laissa aux
flancs de la France une plaie béante pendant près d'un
demi-siècle, et que l'Empereur Napoléon III a eu la
gloire de fermer tout à fait par la glorieuse campagne de
Crimée.

Le mérite immortel de la Restauration est d'avoir
donné à *la France la monarchie selon la charte*, bienfait immense, malgré des fautes incontestables malheu-
reusement, mais réparables, bienfait qui, après tout, a
contribué à créer la France moderne, à savoir : l'ancien et
le nouveau régime réconciliés ; la France ancienne et la
France moderne se rapprochant, s'habituant l'une à l'autre.
Louis XVIII, sauf quelques fautes, est fidèle au régime
qu'il a donné ; il règne par son droit de naissance, il a
sa racine dans les siècles passés, mais il gouverne par la
Charte et avec la Charte. Cette institution devient populaire, les Français se familiarisent avec elle, elle s'in-
corpore avec le pays ; la Chambre des pairs est respectée, la Chambre des députés joue un rôle prépondé-
rant, le Parlement est l'expression du pays, la France
grandit ; on sent le souffle puissant de la liberté ;
la nation se développe, elle aime son Gouvernement,
elle a foi dans son avenir s'il veut être fidèle aux
lois du pays, à la parole jurée. L'aveuglement de
Charles X et de ses ministres perd tout, il brise le
pacte, le peuple se lève, il est victorieux ; la pre-

mière monarchie selon la Charte disparaît comme l'Empire a disparu, mais ce n'est point l'Europe coalisée qui a renversé le roi ; c'est le peuple de Paris, et ce n'est point parce que le roi a lassé le monde entier ; non, il a violé la Charte et il est renversé ; mais la Charte est debout, le pays la veut ; la branche aînée est entraînée hors de la France par sa faute, mais un prince placé près du trône reçoit la couronne des mains de la France, quoi qu'on ait pu dire, jure la Charte, et la pratique pendant dix-huit ans. Peut-être, eût-il mieux valu que « l'innocent orphelin des rois » eût succédé à l'aïeul, qui payait son imprudente audace de la perte de sa couronne, et que le duc d'Orléans, devenu lieutenant-général du royaume, eût tenu le sceptre pour le remettre, après une régence illustrée à son auguste neveu ; l'histoire faite après coup peut avoir beaucoup d'intérêt ; il y a même une école qui la fait d'avance ; tout cela peut s'arranger le mieux du monde dans un livre, dans une conversation, peut faire l'objet de sérieux regrets, mais enfin l'histoire ne se compose pas, ne se prépare pas par une série de combinaisons plus ou moins symétriques ou heureuses ; elle s'improvise, elle s'impose ; elle est faite avant qu'on ait songé à l'analyser ; le volcan fait son éruption, la lave coule, elle est durcie avant qu'on ait pu lui donner un autre cours que celui qu'elle a pris. Quoi qu'il en soit, le règne de Louis-Philippe a été un règne grand et honnête, c'est là de l'histoire, non pas arrangée, mais vraie, celle que la postérité connaît déjà.

C'était bien toujours *la monarchie selon la Charte*, mais une modification profonde se produisait cependant malgré la résistance des esprits les plus éminents et les plus clairvoyants. La pairie cessait d'être héréditaire, elle devenait viagère et gratuite ; c'était son honneur, et personne n'eut l'idée qu'elle était amoindrie dans la personne de ceux qui la composaient ; son pouvoir était amoindri, dans un sens, il faut en convenir, mais c'était en ce qui touchait le principe d'autorité dans sa plus haute expression ; ce n'était point parce que les pairs de France étaient nommés par le roi et qu'aucun n'était plus pair de son propre droit, que la pairie a toujours prêté le concours le plus dévoué comme le plus éclairé au gouvernement du roi ; l'abolition de la pairie héréditaire était bien plutôt une atteinte à l'hérédité monarchique qu'un affaiblissement intrinsèque de la pairie. On connaît les noms des hommes illustres qui combattirent pour son maintien ; ce sera pour eux un éternel honneur ; la pairie du gouvernement de Juillet fut toujours respectée et hautement honorée comme un corps illustre et jouant dans l'État un rôle très-considérable, tout aussi considérable que la pairie héréditaire de la branche aînée des Bourbons, et si elle marcha toujours avec le gouvernement, c'est que le gouvernement marcha toujours avec la France ; il a fait des fautes, nul ne songe à le nier, mais ces fautes ne devaient point amener une chute imméritée ; ça été un gouvernement éminemment national, mais dès le début du règne, le mode de l'avénement au trône et l'abolition de l'hérédité de la pairie avaient affaibli le prestige de la royauté.

On a dit que le roi avait lui-même le secret désir, bien vite deviné autour de lui, de l'abolition de l'hérédité de la pairie; je ne sais si cette assertion est fondée, mais on ne put s'empêcher de constater que la grande modification apportée par la Révolution de juillet, après le changement de dynastie, a été l'abolition de la pairie héréditaire. Cette révolution n'eut pas seulement un grand retentissement en France; son influence passa certainement la Manche, et le bill de réforme anglais qui renversa le vieil édifice électoral de la Grande-Bretagne aurait été peut-être retardé de plusieurs années sans la Révolution de juillet.

III

La Révolution de 1848 éclate comme la foudre dans un ciel sans nuage, mais personne ne prévoyait ce que serait l'orage. Toutes les conséquences de cette révolution ne sont pas encore connues, approfondies; le résultat immense de cette révolution, c'est la proclamation du suffrage universel; quels que soient les étonnements, les frayeurs, les colères que ce grand acte ait causés et soulevés, on peut le dire aujourd'hui, après l'expérience qui en a été faite, c'est le grand honneur du Gouvernement provisoire de l'avoir proclamé; c'est là un fait d'une incalculable portée; nul ne peut dire ce qui peut en sortir à un jour donné, comme nul ne peut dire en voyageant sur l'Océan s'il sera secoué par la tempête ou porté par les vents alisés. Le suffrage universel est un élément; — aujourd'hui, il est plus profondément lié à la France que la Charte ne l'a jamais été; il est insé-

parable du pays comme les vents sont inséparables de
l'Océan. Jamais, dans aucun pays, la réprésentation n'a
été ce qu'elle est maintenant, ce que l'a faite le Gouvernement provisoire. M. de Lamartine, en me parlant de
cette profonde révolution opérée en France en quelques
jours, avec une aussi grande hardiesse, me disait : « La
France me devra sa représentation la plus complète ;
c'est mon œuvre la plus considérable, » et il avait bien
raison.

Aujourd'hui que tant de passions sont apaisées, il n'y
a plus aucun mérite à dire que si le pays légal ne re-
présentait peut-être pas tous les besoins de la nation, il
était loin d'être hostile au progrès ; il l'avait, au con-
traire, toujours favorisé et avait constamment appuyé et
aidé une politique éminemment libérale. Seulement le
gouvernement à force de succès et de sécurité était devenu un peu un gouvernement d'habitude ; la prospérité
de pays, la bonne entente avec les gouvernements eu-
ropéens, la certitude de voir l'influence libérale de la
France rayonner bien au delà de ses frontières, don-
naient une satisfaction qui explique si elle ne justifie le
manque de clairvoyance sur certaines agitations de la
nation, certains besoins du peuple qui n'apparaissaient
point comme des difficultés sérieuses; des malen-
tendus, une surprise amenèrent la chute inattendue
d'un gouvernement qui fut profondément regretté et
dont la disparition donna à toute l'Europe une commo-
tion qui va peut-être renaître. Deux choses sont frap-
pantes dans la chute du gouvernement de Juillet : 1° Il
ne fut point renversé par une coalition de partis ou de

personnages parlementaires, comme Charles X. L'opposition légale et parlementaire comptait certainement dans son sein des adversaires ardents du ministère, mais aucun esprit de vengeance personnelle ne les animait et ne les poussait à une attaque vehémente comme on l'avait vu à partir de 1824. 2° Les vainqueurs furent encore plus étonnés que les vaincus et furent fort embarrassés de leur victoire.

Le suffrage universel ne doit-il pas désormais empêcher ces surprises, une révolution improvisée est-elle possible quand la nation entière peut, pour ainsi dire, donner régulièrement son avis, faire connaître son sentiment ; l'expérience semble déjà avoir été faite aux élections de 1869 ; elles ont fait voir ce que la nation voulait ; elles ont éclairé le pouvoir et la révolution pacifique a commencé grâce au libéralisme du prince et à sa courageuse initiative.

Tant que dura la République, le suffrage universel fonctionna dans la plénitude de sa jeune force et avec une entière sincérité ; ce furent ceux-là même qu'il avait élus qui voulurent essayer de le discipliner, de le régulariser, de lui ôter sa vigueur première et la loi du 3 mai fût votée. Ce fut le président de la République qui rétablit le suffrage universel dans tous ses droits, comme c'est l'Empereur qui, par le message du 12 juillet de l'année dernière, a inauguré d'une manière définitive l'Empire libéral. En présence de ces deux faits d'une immense portée et d'un caractère tout historique, il sera permis de ne pas parler du coup d'État du 2 décembre 1851 ; si le souvenir de cet acte, qui appartient désormais à l'histoire du passé, a été vivement évoqué aux dernières élections, s'il a suffi pour soulever des passions, expliquer et excuser des rancunes, il doit désormais s'effacer devant l'éclat extraordinaire de la victoire remportée sur le pouvoir personnel par le souverain lui-même, victoire plus étonnante assurément que celles qui marquèrent l'apogée de sa gloire militaire.

IV

Mais si nous tournons rapidement la page d'histoire qui enregistre le coup d'État, nous devons nous arrêter à celles qui racontent les événements politiques qui le suivirent; le plus considérable fut incontestablement le don à la France, don accepté et ratifié, de la constitution de 1852. Chaque révolution amène inévitablement son changement de constitution et le point capital, essentiel de chaque constitution est dans le pouvoir dont sont investis les grands corps de l'État; avec la première République une seule assemblée souveraine; essai de deux assemblées avec le Directoire, supprimé par un coup de main fort applaudi, il faut le reconnaître; avec le Consulat et l'Empire effacement de plus en plus grand de toute représentation nationale; avec la monarchie selon la charte de 1814 à 1848 un parlement véritable, représentation limitée mais sincère du pays; influence prépondérante tantôt balancée, le plus souvent résidant principalement dans la Chambre des députés;

avec la seconde République l'assemblée unique et souveraine reparaît, puis enfin sous l'Empire la constitution de 1852 faite à son image. Comme Louis XVIII avait octroyé la charte, Napoléon III donne à la nation la constitution du 14 janvier 1852 *en vertu des pouvoirs délégués par le peuple français à Louis-Napoléon Bonaparte par le vote des 20 et 21 décembre 1851.*

Dans cette constitution le rôle attribué au Sénat était exorbitant, il suffit de dire que le pouvoir constituant lui était dévolu, et qu'il était dans certains cas associé à l'Empire (art. 33, p. IX) : « En cas de dissolution du « corps législatif, et jusqu'à une nouvelle convocation, « le Sénat, sur la proposition du président de la Répu- « blique, pourvoit par des mesures d'urgence, à tout ce « qui est nécessaire à la marche du gouvernement.

Les fonctions de sénateur étaient gratuites (art. 22) ; on ne fut pas longtemps à s'apercevoir que ce grand pouvoir rehaussé par de vains honneurs (*empty honours*) comme disent nos voisins d'outre-manche, n'avait pas grande attraction, et par le sénatus-consulte du 25 au 30 décembre 1852 portant interprétation et modification de la constitution du 14 janvier 1852, article 11, *une dotation de 30,000 fr. est affectée à la dignité de sénateur.* Comme on le sait, la constitution était perfectible. Ainsi l'Empereur issu non-seulement sans contestation, mais même avec acclamation du suffrage universel, a nommé le sénat, et ce sénat a délibéré et voté le sénatus-consulte qui rétablit la dignité impériale héréditaire dans la personne et la descendance directe et légitime du prince Louis-Napoléon Bonaparte.

Ce sénatus-consulte est du 7-10 septembre 1852 ; le décret impérial qui dote les sénateurs d'un revenu de 30,000 francs ne vient qu'au mois de décembre.

On connaît les grands événements et l'éclat des commencements de l'Empire ; l'heureuse et politique guerre de Crimée, la brillante et hasardeuse guerre d'Italie, les grands travaux d'utilité publique, l'attention suivie donnée au bien-être des masses.

Pendant toute la période qui s'écoula de 1852 à 1869, le suffrage universel ne cessa de fonctionner, ouvertement dirigé, il est vrai, souvent par trop discipliné par les agents du pouvoir ; mais enfin, il continuait à être le maître de sa destinée, il pouvait user de toute sa force malgré la pression des préfets ; un homme d'État éminent du dernier règne disait hautement que la nation n'allait point jusqu'où elle pouvait aller, et le suffrage universel a bien montré plus tard combien cette assertion était fondée. Toutefois, on ne peut pas dire que l'Empire fût dans sa véritable acception la *monarchie selon le suffrage universel ;* le suffrage universel était partout représenté par son principal délégué, l'Empereur, et semblait s'en remettre complétement à lui du soin de gouverner, d'administrer l'Empire, d'engager les armées, le drapeau, la fortune de la France. Tous les événements qui se sont succédé sont la preuve de cette affirmation. Malgré de rares mais éloquentes protestations, la grande masse du pays acceptait un régime qui donnait la sécurité, le bien-être qui s'est développé plus ou moins dans tout l'Empire, et qui ajoutait de nouveaux triomphes à la gloire de nos armées. Le désenchantement, l'examen ne commencèrent qu'avec les mauvais jours. La triste campagne diplomatique de 1863 pour la question de Pologne, campagne dont les résultats n'étaient pas difficiles à prévoir, entamée comme elle l'avait été ; la campagne du Mexique plus triste encore, et dont le dénoûment fut si funeste, les événements de 1866, aidés, pour ainsi dire, par notre propre politique et qui ont mis en cause la prépondérance jusqu'alors incontestée et acceptée même de la France, émurent profondément l'opinion publique et lui montrèrent le danger de laisser un pouvoir aussi énorme, aussi exorbitant que celui que donne le suffrage universel, entre les mains d'un délégué unique quelque grand qu'il fût, et les élections de 1869 annoncèrent au monde que l'on était à la veille de voir s'inaugurer dans toute sa vérité, dans toute sa sincérité la *monarchie selon le suffrage universel.*

V

L'Empereur, l'histoire lui en tiendra grand compte, n'avait pas attendu les élections de 1869 et l'interpellation des cent seize pour s'avancer résolûment dans la voie du gouvernement libre ; les décrets du 24 novembre 1860, du 31 décembre 1861, la lettre du 19 janvier étaient des étapes fournies par la seule volonté du pouvoir souverain ; seulement c'était jusqu'alors l'Empereur qui prenait seul l'initiative ; il précédait l'opinion ; en 1869 elle l'a devancé, et nous avons la ferme conviction que sans les événements de 1866 ce grave changement n'aurait pas eu lieu ; longtemps encore toute initiative aurait été laissée à l'Empereur ; mais la France peut tout oublier hormis son amoindrissement.

Voilà donc la révolution pacifique réellement indiquée par l'Empereur dans le message du 12 juillet et dans le mémorable sénatus-consulte des 9-10 septembre 1869 ; mais il ne suffit pas qu'une révolution soit indiquée, il faut qu'elle s'accomplisse, et promptement, afin de ne pas laisser une porte ouverte aux passions ardentes ou impatientes.

Des changements profonds ont eu lieu dans l'opinion publique qui réclamait l'exécution des promesses contenues dans tous les documents émanés de l'Empereur ; l'opinion ne paraissait pas disposée à attendre ; or en révolution il est habile, il est même prudent de procéder sans hésitation, hardiment, dès que la nécessité d'un changement s'est fait sentir : le ministère, le gouvernement, les grands corps de l'État s'avançaient avec la temporisation des gouvernements d'habitude, presque de routine ; on semblait oublier que si la date de l'avénement au pouvoir de l'Empereur est ancienne, la date du 2 janvier constitue par le fait un gouvernement nouveau et d'une nouveauté passablement hardie. Il y avait une vérité qui éblouissait tout le monde par sa clarté, c'est qu'avec la *Monarchie selon le suffrage universel*, telle que nous l'avons aujourd'hui, par la décision de l'Empereur, le Sénat, tel qu'il avait été créé par la constitution du 14 janvier 1852 et par le sénatus-consulte du mois de novembre de la même année, ne pouvait plus durer, n'avait plus de raison d'être ; on pouvait même affirmer que ce Sénat n'existait plus, tant l'opinion s'était prononcée avec force contre cette institution ; si même la révolution extraordinaire dont nous sommes témoins et dans laquelle l'Empereur a joué et joue un rôle à la fois si décisif et si libéral avait procédé avec moins de modération et de lenteur, et rien n'eût été plus naturel que de s'y attendre, le Sénat tel qu'il est aurait peut-être déjà disparu ou bien aurait été profondément transformé. L'Empereur n'a pas voulu se hâter et ce n'est que le 20 mars qu'une lettre adressée par le souverain au garde des sceaux, a appris à la France que le Sénat constituant avait vécu ; disons-le, cette institution, malgré les hommes éminents et sincèrement libéraux qu'elle compte dans son sein, n'était point populaire et n'avait pas réussi à racheter sa grandeur factice par quelques actions qui marquent dans l'histoire. On se rappelle son·attitude vis-à-vis du pouvoir dans toutes les circonstances, son obstination dans les idées rétrogrades, sa lenteur intéressée à ne pas comprendre les vues ou à ne pas deviner les pensées du souverain, qui eût été heureux de trouver un appui et des auxiliaires pour ses vues élevées, quelquefois peutêtre une ferme et patriotique résistance.

Napoléon Ier revenant de l'île d'Elbe tenta de fonder un gouvernement nouveau, de parler à l'imagination et à l'amour inné des Français pour la liberté, de réveiller les vieux sentiments qui avaient créé la France nouvelle, qui, après tout, l'avaient mis sur le pavois, et l'avaient aidé à parcourir l'Europe en triomphateur ; il demanda à un homme d'un grand esprit une constitution nouvelle, un coup de théâtre, et Benjamin Constant lui donna l'acte additionnel qui ne put rien pour relever l'Empire.

Le second Empire après un règne bien plus long que celui du premier Napoléon, plus long qu'aucun des règnes que l'histoire a enregistrés en France depuis la mort de Louis XV, est encore plein d'une vitalité qu'il doit à l'élément puissant dont il émane, au suffrage universel ; mais il est évident pour tout le monde, pour le chef de l'État comme pour le pays, qu'une transformation dans le gouvernement était devenue nécessaire, qu'une révolution, tranchons le mot, pacifique, et à l'amiable, devait se faire ; mais pour être pacifique, cette révolution n'en doit pas moins être profonde et on peut, il me semble, la définir ainsi : « C'est désormais le « suffrage universel qui veut agir incessamment par ses « représentants, et qui ne se repose plus entièrement « sur celui auquel, il y a vingt-deux ans, il a délégué de « si éminents pouvoirs pour faire ses affaires. »

VI

C'est le garde des sceaux qui est le Benjamin Constant du second Empire, c'est lui du moins que l'Empereur a chargé ostensiblement de rédiger son acte additionnel. M. Émile Ollivier était désigné au choix du souverain par ses grands talents, le rôle qu'il a joué à la Chambre depuis plusieurs années, le courage avec lequel il a défendu à visage découvert l'Empire libéral, la sincérité de ses changements d'opinion amenés par la force des choses, la connaissance plus approfondie des besoins de la France et des nécessités politiques, et par la politique de l'Empereur lui-même. Mais en même temps, sa tâche était rendue bien difficile par son passé. Ancien démocrate, républicain avoué, longtemps adversaire loyal, mais déterminé de l'Empire, M. Émile Ollivier allait-il avoir l'autorité nécessaire pour paraître sur la scène dans un rôle si différent de celui qu'il avait joué si consciencieusement ?

En Angleterre, dans ce pays classique de la liberté et du gouvernement parlementaire, ce sont en général les conservateurs qui opèrent ou du moins complètent les réformes les plus radicales ; on leur sait gré de tout ce qu'ils donnent, on n'est pas dans l'attente de concessions extraordinaires ; c'est ce sentiment inné chez l'homme qui a fait et fait encore la force de l'Empereur.

Napoléon III a su graduellement laisser échapper de ses mains, avec une mesure et un art infinis, les rênes tendues de la dictature, et habituer peu à peu la France à demander, presque à exiger la liberté complète, et ce résultat, il l'a vu sans s'émouvoir, parce qu'il l'avait prévu et produit lui-même. M. Émile Ollivier eût été davantage dans son rôle, si l'Empereur se fût décidé franchement à faire, selon la logique des révolutions, un changement hardi dans la Constitution donnée et si souvent remaniée par lui. Pour inaugurer dans toute sa force le gouvernement nouveau, pour mettre toutes les institutions du pays à l'unisson de cette grande machine moderne, de cet élément grandiose appelé le suffrage universel qui abordera tour-à-tour toutes nos institutions sans en excepter l'armée, la magistrature, l'administration, et qui y mettra l'empreinte de sa puissante et irrésistible volonté, il aurait fallu un acte additionnel bien autrement radical que celui dont l'exposé des motifs a été présenté au Sénat par le garde des sceaux dans la séance du 27 mars.

D'après le sénatus-consulte, le Sénat constituant du second Empire a vécu, il est vrai, le pouvoir constituant lui a été enlevé, il est devenu une Chambre haute législative, mais rien de plus n'a été fait pour retremper, pour rajeunir une assemblée qui avait perdu toute autorité dans la nation. Il ne saurait être question d'une Chambre héréditaire comme en Angleterre, où déjà l'hérédité de la pairie est fort ébranlée, que si la nation, convoquée dans ses comices, se prononçait pour un pareil établissement; mais on aurait pu lui demander si elle entend créer, comme en Belgique, un Sénat représentant la grande propriété et soumis à l'élection ; il ne paraît pas non plus possible d'avoir en France un Sénat comme celui des États-Unis, très-restreint comme nombre, représentant des États, ayant en dehors même de la grande union, une vie propre, et partageant avec le pouvoir exécutif une partie du gouvernement. Mais en conservant deux assemblées, chose conforme à la prudence politique, aux mœurs du pays, à l'essence de la monarchie constitutionnelle voulue par la France, il est regrettable que rien ne soit fait pour relever le Sénat dans la considération et le respect du pays. Ce n'est point en augmentant le nombre de ses membres et en même temps les charges qu'impose le maintien du Sénat tel qu'il est, que l'on obtiendra le résultat désiré. Nous le disons donc avec une profonde conviction et sans hésitation, le Sénat doit être rajeuni, fortifié par l'élection ; ce que l'on évite aujourd'hui, on devra l'admettre dans un temps plus ou moins éloigné ; sans vouloir un Sénat héréditaire, ou admis à partager le gouvernement exécutif, ou représentant la grande propriété puisqu'il est encore salarié, on peut souhaiter un Sénat rendu plus indépendant que celui qui fonctionne depuis 1852, par l'élection pratiquée au sein des conseils généraux, sans enlever au souverain la faculté de nommer un certain nombre de sénateurs pris parmi les hauts fonctionnaires ayant rendu des services éminents, et des illustrations incontestées.

Cette intervention des conseils généraux dans l'élection partielle du Sénat ne peut qu'aider puissamment à la décentralisation réclamée par tous les bons esprits, surtout si en modifiant les circonscriptions départementales et en agrandissant la sphère des conseils généraux, on leur donne une cohésion, une force qui rappellerait l'ancienne province sans la renouveler, et qui créerait des centres sérieux sans lesquels toute décentralisation sera dérisoire.

VII

Il est inutile de revenir ici sur l'insuffisance de l'exposé des motifs présenté par le garde des sceaux au

Sénat soit comme document historique, soit comme document d'État, soit au point de vue de la haute littérature politique dont nous avons tant de modèles ; nous n'avons pas retrouvé dans une occasion solennelle la fermeté et la sobriété d'expressions, la hauteur de vues auxquelles nous avaient habitués les hommes éminents qui ont pris part aux grandes affaires en France ; le caractère nouveau, original qui éclate dans presque tous les documents émanés directement de la pensée impériale fait ici défaut. M. Émile Ollivier dans cet écrit, comme dans la plupart de ses discours les plus récents, notamment, a recours à l'argument le moins profond, il invoque toujours l'autorité de tel ou de tel penseur, de tel ou tel écrivain, de tel ou tel homme d'État ; l'autorité, ressource bien faible en philosophie, argument des philosophes à bout de raisons, est encore bien plus faible de nos jours quand il est question de politique, puisque nous sommes dans un monde nouveau, immense, inconnu de ceux dont M. le garde des sceaux se plaît à évoquer les noms. Nous sommes en plein gouvernement populaire quelle que soit la forme de la monarchie sous laquelle nous vivons ; l'Empereur bien qu'il soit couronné, qu'il tienne le sceptre, que le manteau parsemé d'abeilles couvre ses épaules, est l'élu du suffrage universel, il s'en fait gloire, il est fier de son origine ; elle lui a permis tout ce qu'il a fait de grand, de hardi pendant son règne ; cette origine a même pu effacer les fautes qu'il a toujours eu le noble courage de reconnaître ; elle a produit ce fait étonnant qui frappe tous les esprits : un gouvernement qui, malgré une durée de plus de vingt ans, peut se retremper et prendre un nouveau bail, courir un nouveau relai.

Ce n'est point seulement parce que Polybe et Benjamin Constant ont désapprouvé les gouvernements simples, et que Fra Paolo Sarpi, qu'on ne s'attendait guère à trouver en cette affaire, a admiré le Sénat de Venise, qu'il est politique, prudent, habile d'avoir en France deux assemblées ; c'est parce qu'avec la trempe de l'esprit français, sa promptitude, sa logique inexorable, sa facilité à accepter, à offrir le combat, les majorités victorieuses ne sont que trop tentées de faire disparaître les minorités, et s'exposent ainsi à se trouver seules face à face avec le pouvoir exécutif sans aucun frein modérateur.

Le temps viendra où le législateur devra sérieusement se préoccuper des minorités afin d'assurer leur sécurité, mais rien ne pourra mieux la garantir et avec elle la moralité et l'indépendance de l'assemblée issue directement du suffrage universel, qu'une seconde assemblée, également élective, mais dans des proportions et à des degrés divers.

Rien, ce semble, ne peut mieux convaincre de l'opportunité qu'il y aurait à demander à l'élection le rajeunissement du Sénat, que de se représenter par la pensée ce grand corps tel qu'il est constitué aujourd'hui en face d'électeurs, soit réunis au nom du suffrage universel, soit composant les conseils généraux qui sont également issus de l'élection. Pense-t-on que la salle du Luxembourg revoie dans leurs fauteuils tous les Sénateurs qui y siègent aujourd'hui ?

VIII

D'après l'article 5 du projet de sénatus-consulte, l'Empereur est résolu, à ce que l'on assure, à présenter au peuple les modifications qui viennent d'être faites à la constitution.

La forme plébiscitaire tant admirée des uns, tant décriée par les autres, a un grand défaut à nos yeux ; c'est, qu'on nous permette de le dire, l'enfance de l'art ; c'est l'arquebuse à mèche employée quand on a les armes de précision entre les mains, mais enfin, il faut prendre les hommes éminents, même les souverains, dans leur ensemble et avec leur originalité caractéristique.

L'empereur Napoléon est la créature du suffrage universel, il lui a dû ses plus grands triomphes ; c'est son Capitole et il y monte volontiers ; c'est un hommage à la souveraineté populaire d'une bien grande portée puisqu'il admet certainement en principe la complète indépendance du suffrage, et même son droit imprescriptible au changement, mais l'empereur Napoléon ne doit pas être jugé comme les autres hommes, l'imprévu, l'extraordinaire, le romanesque, j'ai dit le mot, ont joué un si grand rôle dans son existence, que même après plus de vingt ans de règne, l'homme est resté tout entier dans le souverain ; « l'Empereur peut cacher de grands desseins, « me disait un ambassadeur de beaucoup d'esprit, il ne « peut pas dominer une impression ; » ses calculs sont profonds, son imagination ardente, et dans l'exécution de ses plans il est d'une froide impassibilité. Je ne saurais pas, je l'avoue, trouver une autre façon de caractériser ce grand personnage sur lequel chacun prononce des jugements si divers.

Plus d'un contemporain peut encore se rappeler une conversation qui eut lieu sur un des bateaux à vapeur du Rhône, entre un ancien représentant du peuple que le coup d'État n'avait pas épargné et un des plus brillants et spirituels ministres de la première période du pouvoir de Louis-Napoléon Bonaparte. Le représentant du peuple ému encore, malgré les années écoulées, du souvenir du traitement sommaire dont il avait été l'objet, apostrophait l'ancien ministre devant un auditoire nombreux et lui reprochait d'avoir servi le président de la République devenu Empereur des Français. Eh bien, lui répondait son interlocuteur sans s'émouvoir, je ne puis approuver vos emportements ni partager votre indignation; je ne vois dans tout ce qu'a fait le président de la République, aujourd'hui Empereur, que la preuve depuis longtemps évidente pour moi de ce mélange remarquable de calcul, de hardiesse qui forme son caractère romanesque. Les tentatives de Strasbourg et de Boulogne, roman; l'expédition de Rome, roman; le coup d'État, le mariage avec la comtesse de Téba, l'expédition de Crimée, roman, roman, roman! Certes un Plutarque futur ne se contentera pas de cette appréciation semisérieuse pour tracer le caractère de Napoléon III si remarquable et si complexe et plein de contrastes, mais il devra en tenir grand compte. Aussi ce n'est pas sans étonnement que nous voyons l'Empereur manque d'originalité et de hardiesse dans un moment décisif de son étonnante carrière. Il eut été vraiment digne de sa haute initiative et de la grandeur de son règne d'en glorifier le passé et d'en assurer l'avenir pour lui-même et pour sa race en présentant au peuple non point une ancienne constitution revue corrigée, et diminuée, mais de demander à la nation elle-même de se donner une constitution à sa guise et de créer enfin *une monarchie selon le suffrage universel.*

Ce 7 avril 1870.

Paris. — Impr. Paul Dupont, rue Jean-Jacques-Rousseau (Hôtel des Fermes).